김수연 시조집

계단오르기

계단오르기

2021년 7월 2일 제 1판 인쇄 발행

지 은 이 ㅣ 김수연
펴 낸 이 ㅣ 박종래
펴 낸 곳 ㅣ 도서출판 명성서림

등록번호 ㅣ 301-2014-013
주   소 ㅣ 04552 서울시 중구 삼일대로8길 17 3~4층(충무로 2가)
대표전화 ㅣ 02)2277-2800
팩   스 ㅣ 02)2277-8945
이 메 일 ㅣ ms8944@chol.com

값 10,000원
ISBN 979-11-89678-71-5

※ 2021 사)한국문학협회 우수작가(시조부문) 창작지원금 수혜

※ 잘못 만들어진 책은 바꿔드립니다.
　　이 책 내용의 일부 또는 전부를 재사용하려면
　　반드시 저작권자의 동의를 얻어야 합니다.

김수연 시조집

계단오르기

도서출판 명성서림

天香 김수연

시인 시조시인 수연꽃꽂이중앙회 회장
사)국제펜한국본부 이사
사)한국문학협회 이사
사)화백문학 경기지회장
사)시조시인협회 회원
Email : suyeoun88@naver.com
Mobil : 010 2757 8808

✍ 詩 발문

눈으로 듣는 산의 말씀 그 깨달음의 울림

이근배 (시인, 대한민국예술원 회장)

　내 나라는 산의 나라다. 겨레의 영산
　백두산이 등뼈를 세워 온 강토를 이루니 백두대간이요. 산, 산, 물, 물, 나무, 나무, 꽃, 꽃, 풀, 풀 …. 봄, 여름, 가을, 겨울 비단에 꽃수 놓으니 금수강산일레라.
　누천년 이 보금자리에서 해와 달과 별과 … 눈, 비, 바람, 더불어 노래하고 춤추었나니 내 나라의 백성들 시로 해가 뜨고 시로 달이 졌네라.
　그 가운데 산은 우리네 먼 조상부터 곧 하늘이고 땅이 었나니 동서고금에 산을 노래하지 않은 시인이 어디 있을 까마는 이 땅의 시인들 소월의 싯귀처럼
　"산이 좋아 산에서 사노라네" 였어라.
　여기 오늘 김수연 시인의 시조집 『계단 오르기』는 참으로 벅찬 가슴으로 내 나라의 산을 모두 껴안고 볼 부비고

오르내리며 오랜 시간 묻고 대답하여 얻어낸 깊은 사색의 언어요 나를 돌아보는 성찰의 화두이다.

　더구나 내 나라의 말씀과 내 겨레의 가락이 하늘에 열린 날부터 산과 물을 되새김하며 낳은 인류 으뜸의 시형식인 시조의 불가사의한 운율에 흠뻑 시를 적시니 그 울림이 어찌나 깊고 멀던지

　　주전자에
　　연잎 하나
　　물을 끓여 달인다

　　연잎이
　　불어나듯
　　굽어진 허릴 펴서

　　푸르던
　　시절 뼈마디
　　백두산도 넘겠다

　　　－「연잎 하나」 전문

아무렇지도 않는 일상에서 어떻게 이처럼 속이 꽉 찬 시를 뽑아 낼 수 있을까. 시인은 연잎 하나를 주전자에 넣고 차를 달였을 것이다. 마른 연잎이 끓는 물 속에서 푸르게 퍼지는 것을 보았을 것이다. 거기서 무슨 시가 나올까, 무심히 지나치고 말일이다.

그런데 김수연은 번쩍! 한줄의 시를 떠올린다.

"푸르던 / 시절 뼈마디 / 백두산도 넘겠다"고 에베레스트도 있지만 우리는 백두산이다. 젊은 날에는 산을 오르면서도 뼈마디가 온전했는데 나이가 들면서 시들어 감을 느꼈을 것이다. 옳거니, 연잎이 퍼져 푸른 날로 돌아가듯 내 뼈마디도 다시 푸르던 시절이 되면 백두산도 넘겠구나, 풀이하면 그렇지만 시조 단수 44 글자에다 연잎 한 장으로 산 오르기의 많은 날들을 담아내다니, 이 한 편만으로도 한 권의 시집이 아닌가.

> 높거나 낮거나 멈출 수 없이 걸어서 팔일봉 비탈길 돌아
> 낙엽을 헤쳐 가면
> 바람결 채 못 훑고 간 노루귀꽃 상큼 웃네
>
> – 「산에 가야」 3수

"한 여자를 사랑하듯 산을 사랑한다"고 J.코스트는 짚었다. 왜 사람처럼 산을 사랑했을까? 사람과 사람 사이에는 사랑도 있지만 미움도 있다. 만남도 있지만 헤어짐도 있다.

주는 것도 있지만 뺏는 것도 있다. 그러나 산은 언제나 그대로이다. 비 바람이 불고 눈이 쌓여도 산은 늘 그대로이다.

아니 산은 오르는 자에게는 언제나 반갑게 맞아준다.

왜 산을 사랑하는가. 가파른 돌길과 비탈길을 왜 걷고 또 걷는가. 누가 대답해다오. 김수연은 이렇게 내놓는다. "바람결 채 못 핥고 간 노루귀꽃 상큼 웃네" 이 기쁨을 누가 알까.

조잘조잘 읊어대고
무어라 흘렸는지

나뭇잎이 팽그르르
눈 흘기고 떨어지며

누구나

한두 가지쯤

흉허물 없을까 고

— 「새들은」 전문

 해남 달마산 미황사에 가면 응진당이라는 암자가 있다. 네 기둥 하나에는 "안청비관이능어眼聽鼻觀耳能語"라는 글귀가 쓰여 있다. "눈으로 듣고 코로 보고 귀로는 말한다." 것인데 부처님의 깨달음의 지혜만이 아니라 바로 시인의 능력이기도 하다.
 산에 가면 삼라만상을 모두 보게 되고 세상의 소리들을 다 듣게 된다. 그 어느 것 하나 시가 되지 않는 것이 없고 그 어느 것 하나 오래 새겨둘 말씀이 아닌 것이 없다. 김수연은 새들의 말을 알아듣는 눈을 가졌다.
 새들이 읊어대는 소리를 나뭇잎이 눈 흘기고 떨어지며 하는 말
 "누구나 / 한두 가지쯤 / 흉허물 없을까 고" 그렇다 저들 새들과 나뭇잎들도 눈, 코, 입, 귀가 있다. 새들의 말을 나뭇잎이 알아듣고 그 나뭇잎의 말을 시인은 받아쓴다.
 그러고 보면 산은 시의 곳간이요 우주이다. 김수연이

산을 사랑하는 것은 사람의 세상에서는 볼 수도 들을 수도 없는 가르침의 말씀을 들을 수 있기 때문이다. 뼈마디가 닳도록 산을 오르고 올라서 마침내 김수연은 오늘의 산의 시인, 그것도 내 겨레의 시인, 시조의 시인으로 우뚝 서게 된 것이다.

  더욱 높고 먼 시의 산봉우리에 오르기를 빈다.

✍ 시인의 말

한 번도 가보지 않은 산은
비탈지고 좁은 산길 뿐
발걸음이 뒤를 끌어당길수록
마음은 가벼워지고
걸어온 흔적들이 가물가물
대답 없는 메아리로 산을 넘어 간다
 나를 따라온 내 그림자와
그늘에 나란히 앉아서 이정표를 바라본다
산과 들에 있는 풀 한포기 나무 한 그루 돌 하나도
스스로 조화롭게 서로의 배경이 되어 살리는
숲은 차별이 없다
산이 모든 사람에게 품을 내어주는 것 같이
자연의 헌신을 닮아가고 있는지
돌이켜보고 스스로에게 물으며
한 번 더 긴 호흡 가다듬고
산길을 에돌아 오른다

2021년 6월

天香 김 수 연

차례

1부 • 산에 가야

연잎 하나	21
산수유 꽃이 팝콘같이 피네	22
산에 가야	23
소문	24
갓 뿌려 논 속말	25
초록물이 들다	26
수리봉에 올라	27
그 산은 어떤 비밀이	28
트롯 리듬	30
잘 해낼 수 있을까	31
덜컹덜컹	32
불로장생 길	33
바라보는 것만으로도	34
버려진 사랑 같이	35
집들이 부풀어 오른다	36
떠다니는 뿌리	37
해 질 녘	38
풍경소리	39
그래도 살아	40
새날이 동트는 한강	41

2부 • 빛나진 않아도 찬란해

벚꽃놀이	45
보이는 것은 산	46
명산이 여기네	47
조심하라	48
그림은 잘 몰라도	49
텃밭에서 웃다	50
빛나진 않아도 찬란해	51
여름 숲	52
새들은	53
빗속에서도 땀이 흐르고	54
한 닢의 사랑	55
허공의 그 울림	56
무엇이 있길래	57
소리에 실려 보낸 무게	58
울음 울던 날도 그리워	59
낯선 풍경	60
바위에 경배하듯 오르니	61
눈발 속에서	62
올라 갈 때 내려올 때	63
새해 아침	64

차례

3부 ● 어디쯤 쉬었다 갈까

꽃이 진다고	69
이화령고개 너머	70
견우봉을 겨누다	71
어디 쯤 쉬었다 갈까	72
용암산 긴등에 올라	73
산다는 게	74
몸살 앓는 도봉산	75
가을 진달래	76
왕방산 새는	77
잠깐의 사이에는	78
변하는 게 참 많다	79
산놀이	80
주저앉은 은행잎 하나	81
내가 산이 되고파	82
높아서 더 가보고 싶네	83
겨울 산	84
다람쥐 머뭇대는 동안	85
함박눈	86
산이 길을 묻습니다	87
한라산 해돋이	88

4부 • 계단 오르기

아! 톡	93
말 없는 대답이네	94
산 향기 그득히 마시니	95
고려산 진달래	96
나무와 하나 되다	97
자수 실을 잘 못 끼웠나	98
꽃에는 우주가 있다	99
그리움은 아득하고	100
북한산 대동문에서	101
나뭇잎 엽서	102
모두가 보인다	103
바람이 전하는 말	104
아버지의 산	105
뉘엿뉘엿	106
꽃 지는 줄도 몰랐네	107
계단 오르기	108
그런대 그런데	109
이끄시는 대로	110
화담 숲 나들이	111
여러 빛깔	112
쌍봉낙타 등에 올라	113

1부

●

산에 가야

연잎 하나

주전자에
연잎 하나
물을 끓여 달인다

연잎이
불어나듯
굽어진 허릴 펴서

푸르던
시절 뼈마디
백두산도 넘겠다

산수유 꽃이 팝콘같이 피네

안개비 내리는 아침 가지 끝에 튕겨 부는 바람소리 산수유 꽃 간질이니 봉오리 톡 불거져서 팝콘처럼 터지고

껍질 속에 통통하게 봄을 잉태하고 필 듯 말 듯 목련 꽃은 누가 피게 하나, 길손들 깜짝할 사이 살포시 입술 여네

못 잊을 그리움을 품고 광릉 숲에 수근 대는 바람 따라서 애끓는 사랑 손잡고 봄 오는 내루골 포도밭에서

바람 타는 새들도 갈 길을 모르는지 죽은 듯 꼬인 포도밭 덩굴에 몰래 숨어들어 봄을 쪼아 대네

산에 가야

    한눈에 홀딱 반할 화사한 무희 같이 산기슭에 가장 일찍 봄을 피운 올괴불 꽃
    별처럼 반짝거리며 하늘하늘 춤추네

    능선 따라 진달래도 꽃망울 두근대며 꽃샘추위 부대끼다 동동거리며 몸 꼬는데
    샛노란 생강나무 꽃 햇살에 톡톡 튀고

    높거나 낮거나 멈출 수 없이 걸어서 팔일봉 비탈길 돌아 낙엽을 헤쳐 가면
    바람결 채 못 핥고 간 노루귀꽃 상큼 웃네

소문

비 갠 뒤 콧노래 흥얼대며 산을 오르면

풋풋한 숲길 속에 요염이 핀 철쭉꽃

산 넘는 바람 붙잡아
속살을 열었데요

푸른 하늘 떠받치는 나무 밑둥치에 웬 제비꽃이 남몰래
자리 차지하고 뜨거운 햇살 잡고서 녹아가고 있데요

새소리 바람소리 음정 박자 따로 놀아

저마다의 소리 넘겨받고 저리 얽히는데

불곡산 산새들 모여
봄빛 고파 운데요

갓 뿌려 논 속말

흙냄새 그리워서 땅 한 떼기 갈아엎고
상추씨 부추씨와 쑥갓씨 치커리 등
골고루 씨를 뿌리고 얕게 흙을 덮었다

골목길 야채가게 들려서 바구니에
푸성귀 골라 담아 계산대 앞에 서서
지금 막 씨 뿌려 놓고 언제 크나 혼잣말

자연의 순리 따라 기다림도 미덕이라
소박한 꿈을 틔울 밭두렁을 그려보다
이웃과 나눌 생각에 입이 귀에 걸렸다

초록물이 들다

풀 향기 배어 있는 매봉산 둘레 길에
기척에 낯가리는 후투티 새 땅만 쿡쿡
꿩 깃털 같은 머리 깃 까딱이며 눈인사

온종일 파란문장 읽어내다 멈춰서니
조붓한 산마루에 구절초 꽃 넘쳐난다
흰나비 내려앉아서 떠날 줄을 모르고

산 빛도 하늘빛도 한 폭의 풍경화로
온 산이 그린 듯 파랑으로 걸려있어
풀냄새 흠뻑 들어서 한걸음 내 디딘다

수리봉에 올라

물관을 닫아버려
굶주려 뒤틀린 채

산 아래 굽어보며
절규하는 저 몸짓

봉우리 휘감는 바람
아픈 등을 토닥인다

가릴 것 없는 채로
햇빛과 비에 절어

구름 불러 두르고
산정을 고수하다

이정표 없는 먼 하늘
닿고 싶은 날갯짓

그 산은 어떤 비밀이

1.
세상에 볼거리도 많은데 산에 가네

계절 따라 바뀌어 맞이해 주는 도락산은
가까이 푸르디푸른
날개를 퍼덕이고

송악산 돌아앉은 멧부리를 꽉 디디고
바람 반대 방향으로 허공 지고 살아낸
세월의 자국만 남은 자세 낮춘 소나무

2.
산등을 감아 돌아 구름안개 올라간 뒤
돌탑에 내려앉아 먹이 쪼는 딱새와
눈 맞춰 겨루기하다 다가가면 도망치네

산 빛 신고 달려가는 라이더의 뒷모습에
전설도 따라가고 고요가 내려앉아
숨 멎을 시간도 없나
수백 년을 버티니

트롯 리듬

굳은살로 박인 잡초 움키고 파내느라
밭고랑 주저앉아 땀범벅 눈물범벅
쉰내로 절은 몸뚱이
핥고 가는 더운 바람

뒤통수 정수리에 쏟아지는 불볕 아래
며느리밥풀 꽃이 허기증에 툭 꺾이어
삼키는 눈물 한 모금
명치끝에 걸렸다

이밥 꽃 지스러기 어지러이 날리는 날
말 못 할 시집살이 타는 가슴 어찌 못해
빈속에 되풀이되는
울음 섞인 한 풀이

잘 해낼 수 있을까

외롭게 마장호수 출렁다리 굽어보는
팔일봉 이정표는 날개 펴고 서 있고
흐르는 땀방울만큼 산 높이는 낮아져

구름자락 몸에 두르고 숲 그늘을 지나
산 빛을 훑고 가는 산 까치 울음 밟고
난 지금 할 일 이란 게 그냥 산에 오르기

고갯마루 위에서 가늠하는 높이를
무거운 발자국에 패이던 시간 재며
어디서 출발 했던지 그 산은 그 자리니

덜컹덜컹

높낮이가 서로 다른 산 주름 군데군데
솔기 풀어 펼쳐놓은 구름빨래 사이로
바람이 숲을 휘저어 드러낸 노고산에

갑작스레 숨어있던 멧돼지가 빠르게
숲길을 가로질러 시야에서 내 달린다
가슴이 덜렁거려서 머리카락 쭈뼛 한다

하얗게 질린 채로 다리가 후들거려
까마귀 까옥까옥 넋두리 따라가면
바람이 갈아엎은 듯 흩어진 구름밭고랑

불로장생 길

세월에 찌든 풍상 바람이 쓸고 가면
새들이 읊어대는 그 틈새로 검은 숲길
검은등 쇠딱따구리 나무 살점 쪼아 댄다

산그늘 부스스한 갈잎이 들썩일 때
봄바람 부축으로 벌쭉이 몇 닢의 새싹
한 뼘의 햇살 붙잡고 움쩍들썩 푸른 잎

화들짝 놀란 딱새 나뭇가지 날아올라
제 갈 길 살피느라 꽁지를 까불거리며
제자리 한 바퀴 돌아 쪼뺏거리며 떠나고

산마루 높은 곳이 궁금해서 가보는데
조심조심 안돌잇길 돌았을까, 끝에서
바위와 한 몸이 되어 풍경 같은 흑송 한 그루

바라보는 것만으로도

내친김에 걸음을 내딛는 오르막길
힘들게 겨우겨우 봉우리 정상까지
한걸음 떼는 순간이
서툰 길에 굼뜨다

여성봉 바위 깊이 굳어버린 소나무에
하늘이 내려앉아 부끄럽다 덮어 씌워
한 발짝 다가설 때에
풀어버린 흰 구름

오봉을 배경으로 인증 샷을 남기려니
울긋불긋 차려 입은 바위들이 멋진 탓에
한 눈을 팔다 흔들려
신발들만 나란히

버려진 사랑 같이

산발한 눈꽃바람 숨길조차 막아서
추위에 곱은 손을 겨드랑이에 끼우고
살 에는 추위도 잊고 퇴뫼산을 올라보니

얼마나 많은 날에 외로움 쓸어안고
한사코 깊은 사랑 끌어안은 아픔 하나
얽히고설킨 세월을 저렇듯이 비틀어

아무렇게나 잡아감은 다래덩굴에 갇히니
자연이나 사람이나 포기하면 저럴까
무색에 갇힌 정경에 바람이 울고 넘어

귓바퀴를 할퀴고 드세게 휘몰아서
까마귀도 목말라 괴로운 울음 우는
무너진 성산 적막해 선뜻 발을 돌리네

집들이 부풀어 오른다

마장호수 덮고 있던 안개가 스멀스멀
팔다리를 늘려서 앵무봉을 휘어감아
겉돌던 구름마저도 순간처럼 멀어 진다

조금씩 휘날리는 싸락눈이 녹아들어
낙엽에 미끄러져 두 바퀴를 굴렸는데
발목이 시큰거려도 멀쩡해서 좋아라

산속에 어울리지 않게 자리 차지한
허경영 하늘궁을 길 위의 언덕에서
기웃이 넘겨다본다. 알 수 없는 인생사

산 넘어 가창력을 뽐내던 까마귀도
욕망을 바람결에 슬며시 내려놓아
머물다 가는 한때가 덧없음을 아는지

떠다니는 뿌리

고령산 숲길로 막 접어드니 눈앞에
소나무 긴 행렬이 산마루에 이어져
시선을 사로잡아서 쭉쭉 뻗어 서 있다

멀리서 볼 때는 띠를 둘러 준 것 같아
더 넓은 세상으로 당첨되어 뽑아가나

큰돈에 팔려 가는지 바코드만 보인다

지상에 나름대로 창창한 뜻 돋우면서
남한테 인정받고 화려한 이력 새겨도
아마도 저 나무처럼 머무를 수 없는 게,

잠시나마 쳐다본 파란하늘 속으로
옷자락 여미면서 내 모습 비쳐보며

해거름 노을빛 따라 먼 나라를 꿈꾼다

해 질 녘

    산길을 걷다보면 낙엽 밟히는 소리 저잣거리 수런대는 발소리 같아
    신경이 곤두선 채로 돌아서다 되 걷고

    호명산 굽이굽이 땀 흘려 걸어올라 또르르 굴러가는 도토리를 모아
    산짐승 먹이 챙기는 굼뜬 손이 어설퍼

    나누고 베푸는 일 인생살이 아닐 까 어둠살이 내릴 때 주위를 둘러보면
    골짜기 높고 낮음이 묵화 한 폭 같은데

    거칠게 햇살을 튕겨내는 참나무에 뱁새들이
    왁자글 떠날 채비 서둘러
    애달픈 곡조에 실은 가랑잎은 날리고

풍경소리

힘들게 안돌잇길 가까스로 걷는 동안
발치에 매달렸던 도깨비바늘 씨앗이
바람에 휘날려간다, 수풀 바다 깊숙이

바위를 벗어나려 으스스 몸살 앓던
흰 억새 둥글게 휘어져서 비비며
긴 머리 풀어 날린다, 어질 머리로구나

풍경소리 불암산 종아리를 감아 돌면
마른풀에 타는 노을 불호령을 내리는 듯
타오른 나뭇잎마다 새겨지는 염불소리

그래도 살아

소한에 내린 눈을 바람이 휘몰아쳐
귓바퀴를 할퀴고 걸어온 길 휘저어서
첫얼음 계곡에 흝어 눈꽃도 얼었는지

흰 구름 같이 솟은 살이 튼 자작나무에
까마귀 날아들어 다투는 울음소리
외마디 길게 외치고 흩뿌리는 눈보라

눈 덮인 도솔봉에 철버덕 주저앉아
커피 한 잔 가득 채워 식은 가슴 데우며
갈 길을 내려다보니 뺨을 치는 찬바람

스치거나 머물다가 떠나는 나그네 길
매여 있지 않은 세월 어디로 가야할지
꿈틀된 모든 것들이 발아래 잿빛이네

새날이 동트는 한강

   불그스름 젊은 태양 산모퉁이 올라서서 국립현충원에 플래시를
     터트리더니 빌딩숲 환히 밝히고 한강에 쏟아졌다

   하얀 황소 그림자 주춤하지도 않고 새벽을 달리는 차창에 내려
     앉아 코로나 19에 움츠러든 운전대를 돌렸다

   타는 숯불도 연소하여 사라지는 게 아니라 대지의 숨결에 깃들어
     해는 잠 설친 어둠을 뚫고 이글이글 번지고

   동작대교 위에서 붉게 솟은 해 앞에서 지친 숨 고르면서 빛을
     통해서라도 보잘 것 없는 온몸도 햇살에 정화 된다

2부

빛나지 않아도 찬란해

벚꽃놀이

둘레둘레 맴도는 나비 같은 몸짓으로

실바람 한 자락에
그네 타듯 높이 날아

선율을 타고 노는 춤사위 하늘하늘

어질한 봄을 안고 보란 듯이 깔깔대는

자지러진 그 향기
취해가는 꽃 멀미

꽃 보라 이는 가슴엔 그리움 너울너울

보이는 것은 산

바람결에 춤추는 수많은 나비 같이
새색시 연분홍색 치마폭 한 자락을
덮은 듯 눈이 부시게 진달래꽃 한들한들

하늘 높이 까마귀 꽁지깃 모습 감춰
흘끔대던 산까치가 제 세상인 듯 까불대고
동고비 곁눈질하며 나무 위로 폴짝폴짝

부풀리는 생각에 돌부리 탁 걸려서
열없이 고꾸라져 아프단 말도 못하고
제풀에 넘어져놓고 부아가 나 투덜투덜

삽삽한 봄바람은 바쁠 것도 없는지
옷섶을 헤쳐 놓아 할랑할랑 대더니
국사봉 먹구름 속을 삐끗삐끗 넘어 가네

명산이 여기네

산천초목 기척 없는 산길에도 봄이 오나
어정대며 있는 겨울 다그치는 봄바람에
거처를 잃은 동장군 땅속으로 숨는다

제일 먼저 흙을 뚫고 돋아난 냉이 새순
산그늘 숨어 피는 다소곳한 복수초
찬바람 시기를 해도 들쭉날쭉 고개 든다

까마귀 먹이 찾아 주위를 엿보다가
주위를 빙빙 돌다 무엇에 놀랐는지
화들짝 날개를 치고 해룡조형 피해 난다

풀 한포기 나뭇잎 하나에도 꽃샘바람
바쁘게 잎눈 꽃눈 밀어 올려 햇살 떨어
피거나 시드는 것이 우주의 한 호흡 같다

조심하라

눈 뜨면 찬란하게 솟구치는 빛 앞에
화들짝 문을 여니 햇살이 뛰어 들어
어느새 미지의 길을
떠나고 싶은 마음

세상에 돈 안 드는 일이라며 부추기는
봄바람 재촉하니 산행에 동참 한다
보는 이 없는 이 숲길 따라오는 새소리

발치봉 응봉 석봉 깃대봉 투구봉 솔봉
정상의 돌봉에 새겨진 글 읽는다
"뜻하지 않은 일에 조심하라"
굽어보니 아득해

하늘로 키 높이 뻗치는 메타세콰이아 나무들
다른 나라 숲에 든 듯 푸른 잎 새 반사되고
길어진 그림자 피해
서성대는 발걸음

그림은 잘 몰라도

멀리서 들려오는 피아노 연주처럼
딱따그르르 딱따구리 소리 울려서
박차고 금방이라도 산 너머 닿고 싶어

소리를 따라가면 아른아른 풀밭세상
산허리 얼싸안고 어긋 져서 발맞추며
봄풀도 왈츠를 추듯 뿌리 채 휘청 이네

그늘진 나뭇잎을 들춰내고 오보록이
꼿꼿이 허리 세워 내리 꽃을 품은 대궁
하얗게 쉼표 메달아 초롱초롱 둥굴레 꽃

화강암 더듬거려 내려서서 다시 보는
수성 골 맑은 물에 옮겨 담은 풍경들이
산수화 〈인왕제색도〉 그려낸 듯 깊은 고요

텃밭에서 웃다

잘 커서 주렁주렁 고추 많이 달리라고
과분히 욕심 부려 비료를 많이 줬나
몇 포기 고추 모 죽어 손끝이 아려 온다

심지도 뿌리지도 않았는데 절로 돋아
촛불 같이 삐죽이 올라 와 줄기감고
노란꽃 이슬 젖어서 파르르 몸을 떤다

꽃보다 고운 상추 고추와 토마토에
오이까지 생겼으니 일상사가 신명나
서투른 농사꾼 흉내 넉넉함을 배웠다

빛나진 않아도 찬란해

푸른 낭만의 숲에 둘러싸인 새낭골

온갖 새들 품어주는 숲길 사이로 나무들과 바위틈에 속살거리는 계곡의 물소리 청아해라 들꽃들도 하늘 정원인 양 피어 속삭이고 푸른 숲 설렘을 하늘에 걸쳐놓아 아름다움의 중심에서 눈물 글썽일 때 어머니 품속 같은 완만한 풍광이 처음 본 동네 아낙의 베푼 차 한 잔 같이 마음을 어루만져서

무수한 돌탑 앞에서
웃음꽃 만발이다

여름 숲

굽이진 산길마다 이정표가 세워있어
한나절 숲내음에 취해서 산을 오르니
초록빛 흠뻑 물들어 목덜미가 젖도록

해종일 굽이돌아 그늘 깊은 길만 찾아
발걸음 닿은 곳에 울울 창창 나무숲
풍경이 눕는 죽엽산 마음도 가라앉아

오색딱따구리새끼 먹이 조르는 소리
딱딱 딱따그르르 엉거주춤 둘러보면
소리를 넣어 삼킨 듯 메아리만 휘돌고

나무나 새들이나 살려고 하는 게
저마다 사람살이와 별다를 게 없는 듯
숲은 뭇 생명을 품어 한세상을 이어 간다

새들은

조잘조잘 읊어대고
무어라 흘렸는지

나뭇잎이 팽그르르
눈 흘기고 떨어지며

누구나
한두 가지쯤
흉허물 없을까 고

빗속에서도 땀이 흐르고

  산천이 시커멓게 변해 파도로 밀려온다

  온 힘을 다해 소리치는 나뭇잎 울음 끌고 산길은 폭우에 패여 산 아래로 내 달린다 빗속을 우산으로 버티며 헛딛지 않으려고 발걸음 조심조심 흐려진 산줄기 타고 올라 봉우리 까지 단걸음에 한강봉 정자에 서면 비안개에 잠겨 있는 지나온 내 발걸음
  매일의 멈추지 않는 시계처럼 그렇게 쉼 없이 각자의 삶을 달리던 여정 같다 끊이지 않는 빗소리에 갇힌 것 같아 하고 많은 날들 두고 이런 날 산행이라니 흐려진 허공을 떼 지어 나비와 잠자리 휘영휘영 맴돌고 비안개는 떠밀려가다 휘감고서 산봉우리를 감추어 잿빛 하늘 바라보는 잠시,

  참으로 그립다하리
  계속 비가 내리고

한 잎의 사랑

나뭇잎
한 장 속에

물방울로 고여 앉아
숨죽인 울음소리

밀치고 부대끼고
시나브로 가슴 죄며

서로를 달달 볶다가
댕그라니 맴 도네

허공의 그 울림

상수리 넓은 잎에 파도치는 푸른 바람
높다란 가지 위에 짝 찾는 휘파람 소리
푸드득
깃을 포개는
성스러운 울음이

성산의 높이를 모르고도 그 높이에
하늘을 불러내어 흔들리는 메아리
온 세상
울리는 화음
화답하는 산울림

한곳을 바라보니 멎어 버린 남근바위
비바람 한숨 섞인 사연은 들었을지

생각이 먹먹해지며

발걸음이 꼬인다

무엇이 있길래

노을에 시름 얹어 산으로 향한 발길
빈 하늘에 머물다 영영 떠난 구름 같아

닿을 수 없는 그리움
간절한 것이기에

한평생 사랑 안고 헤맬지도 모르지만
수천 별 떨어지듯 재인폭포 물줄기

안쓰런 눈물 고인 듯
그렁그렁 맴 도네

뜨내기로 한탄만 현무암아 남겨 놓아
무시로 사랑의 말 다시 듣는 환청인가

솔밭 길 성긴 무 같이
남근바위 설핏 하게

소리에 실려 보낸 무게

낙엽이 쌓여가는 무지랭이 계곡 따라
바람 손에 이끌려 중말고개에 이르니
고요를 풀어헤치는 새소리 숲길 열어

북소리 난타치 듯 산새 날개 터는 난리에
옻나무 고운 잎이 나뭇가지 매달려
무수한 마스크 같이 파르르 떨고 있다

하루를 건너가며 모른 척 하고 지낸
그리운 누군가의 안부가 궁금해져
단절된 시간이 못내 힘겨워질 때도 있어

바람이 붕붕대며 마음 줄을 이어놓아
그리운 사연 하나 우주까지 날려 보내
숯등걸 같은 가슴이 한결 가벼운 하루

울음 울던 날도 그리워

나그네 발걸음에 가을바람 감기어
혈구산 올라 땅 가슴에 귀를 기울이면

휘파람
소리도 떨려 목이 쉬어 넘는 산

갈증에 타는 노을이 깜박 졸던 그 자리
잊혔던 기억들이 눈빛 같이 살아나
사랑을
잃은 가슴도
뜨거움이 남았다고

저녁놀에 물들은 마타리 꽃과 열매
보랏빛 용담초와 억새풀 한데 묶어

한 아름
꽃다발 안고
눈물겹게 그리운 날

낯선 풍경

가을의 마지막 절기 상강 산 초입새

잎 떨쳐낸 참나무 꿈을 뉘고 뭇 사람 발길에 채이고 찢기어 하늘 난다 사패산 정상의 바위에 솟은 소나무 빛살의 더듬이에 핀 몇 송이 진달래가 회초리 바람에 맞서 내일의 꿈을 꾼다 바위에 기대어 생각의 연패를 돌리며 연줄을 당겼다 놓았다 하며 옆으로 굽은 가지에 바람 빗겨 서 있으면

사는 일 비틀거림이 아픔이라

서로 다른 나무 수피의 무늬를 벗고 허기를 가린 햇빛에 야윈 몸을 비튼다

바위에 경배하듯 오르니

휘덮는 눈보라가 허공중에 신음하면

소복을 한 온 산천 우 우 우 통곡 한다

영화의 한 장면처럼 눈 위에 뒹굴다가

정신을 차려보니 설인이 되어 있다

눈 폭탄 막고 놀란 까마귀도 도망가고

간신히 깔딱 고개를 엉금엉금 오르면

하늘과 땅 사이에 코끼리바위 진종일

하얗게 모자 쓴 채 한발 떼지 못하는지

백발을 마주 보면서 오는 길손 반긴다

눈발 속에서

밋밋한 등산로에 눈 위에 눈이 쌓여
햇살의 끝자락이 얼어붙은 틈 사이를
날개가 있어 껴안고
파편처럼 모인다

흰 공작 깃털 같이 미륵암 지붕 밑에
바람 한 점 없이도 풍경은 흔들리고
바람도 구름도 얼고 눈 향기도 시리다

바람아 불어다오 그리움 전해다오
스님의 목탁소리 부용산을 두드리면
점 같은 검은 방울새
탑 위에 등이 된다

올라갈 때 내려올 때

겨울 볕 떨어지니 온기는 간 데 없고
추위를 온 몸으로 받아내며 웅크리고
걸음새 제게 움직여 비탈을 내려오면

눈발이 또 날리어 눈썹 위에 앉는다
헛발 딛고 미끄러져 오금이 저려 와서
산 아래 내려다보며 비틀대는 발걸음

눈 덮인 봉우리를 되돌아 쳐다보니
바위들이 흰 두건을 쓴 듯 눈이 묻어 있다
눈 뜰 수 없는 찬바람 뒤통수를 때린다

바람이 산마루에 목을 놓아 흐느낄 때
목이 쉰 까마귀도 기침 같이 쿨럭이고
불곡산 산 높이만큼 칠십 고개 힘들다

새해 아침

공중을 쓸고 오는
춤추는 하얀 바람
햇살의 긴 꼬리에 봄소식을 달고 와서
부용산 몸 비비면서 눈감기고 스치네

눈 속에 앙칼지게 삐죽 내밀고 있던
숨 놓은 나뭇가지 햇살 누워 비비대어
부풀려 차오른 반죽 같이 흐느적대고

차별 없이 쌓인 눈을 잘박대던 산 까치
나뭇가지에 날아올라 잔설을 밟아대며
눈가루 털어버리고
가지 끝 봄을 쪼네

3부

어디쯤 쉬었다 갈까

꽃이 진다고

1.
빗소리에 잠을 깨어
창문을 열어보니

매화꽃 나래 접어
젖은 숨결 잦아들고

천 개의 꽃 우산 펼친
아롱아롱 산수유

2.
부시게 터진 꽃잎
우체통에 숨어들어

꽃물로 적신 사연
가슴에나 닿을지

바람이 싣고 가다가
주소 놓쳐 하늘 날고

이화령고개 너머

물오른 꽃순 같이 따스한 봄바람을
느껴봐,
살랑살랑 숨결로 다가와서
따뜻이 어루만지니
그러안고 싶어요

보랏빛 꿈길 따라 저 멀리 아스라이
바라봐,
산들산들 꼬리 단 은빛바람
휑하게 따라 가네요
내 마음도 모르고

깊은 정 주고 받고 모든 것 다 나눠도
불러봐,
영혼 담은 애달픈 내 사랑아!
내 마음 둘 데 없어서
그리움이 아파요

견우봉을 겨누다

비탈진 언덕빼기
어김없이 꽃은 피어
첫사랑 돌아보는
기억 저편 그 자리에

그리움 안으로 접혀 꽃빛 저리 고와라

산새가 포롱포롱
꽃가지를 흔들어
터질 듯이 부풀어
향그러운 자태여!

발걸음 옮길 때마다 꽃 울음 지는 소리

기다리다 돌이 된 듯
묵은 사랑 그리다가
가슴 저린 그 전설
팔당대교 이어주니

직녀 봉 진달래 지면 강물에 뿌려주리

어디 쯤 쉬었다 갈까

얼마나 올랐을까 풍경들은 낮아지고 한 눈에 들어오는 지나온 굽잇길에는
 가지에 매달린 리본 가던 길 가라 하네

서로를 배려하며 정상 까지 닿기 위해 쉼 없이 걷다 보면 남은 힘도 바닥나서
 잘려진 그루터기에 앉아서 허릴 펴니

저무는 국사봉은 빛살이 쏟아내려 황홀히 펼쳐놓은 저 햇살의 붉은 너울
 바위 산 사이사이에 자욱이 내려앉아

몇 갈래 골짜기에 높고 낮은 봉우리를 내려 와서 평평한 바위지대 찾았더니
 사람과 눈싸움하는 청설모 겁도 없구나

용암산 긴등에 올라

구름이 숨겨놓은 산봉우리 올라서면
온갖 꽃 피운 이 곳 금간 햇살 휘어 있어
시간의 흐름을 이어 상상 속에 갇히네

산새들 먼저 반겨 제철 만나 갸웃갸웃
지휘하는 바람 따라 악보 없이 합창 하네
흐르는 푸른 안개 속 번져가는 노래소리

한 철 피는 들꽃도 무성해진 나무숲도
눈의 호사 바람이 흔적 쓸어 가버리면
지켜온 삶의 풍경이 점선 같은 세월인 걸

지는 해 자아내는 장관 이룬 하늘가에
동공 속에 부서지는 내 욕망의 비늘들
어쩌면 잠시 나타난 신기루를 본 것일까

산다는 게

늦여름 마른 흙을 갈아 놓고 씨 뿌린다
어느새 허물 벗고 실핏줄을 꿈틀대며
배꼽을 비집고 나온
키 낮은 푸른 눈빛

밭두렁 달라붙은 여린 배추 가부좌다
풀끼리 뒤섞여서 감당 못할 포복으로
밟아도 되살아나는
저리 많은 불도저

맨발로 축축하게 젖은 흙을 밟고 서면
지구의 등에선 듯 자연의 섭리 따라
풀이든 배추벌레든
머물되 한 찰나다

몸살 앓는 도봉산

큰 산을 바라보면 펄럭이는 초록물결 오르는 발걸음은 새로운 길을 낸다. 그 많은 샛길의 흉터 위로 몰려드는 발길

하루 종일 오르내리는 도봉산 능선에는 무슨 길이 저리 많은지 지름길을 내어 내딛는 발길에 밟혀 몸살 앓는 도봉산

두 팔로 우툴두툴한 나무를 껴안고 수액 오르는 술렁이는 소리 온몸을 휘감아 속살 헤집는 아픔인 줄 알았는데

상처 난 흔적 위로 산비둘기 날아와 찾아온 이유 모르는 척 눈마중 하며 잔솔밭 함께 걷자고 분홍 발로 종종 댄다

가을 진달래

할 말을 잊게 하는 가을 산 드라마가

나날이 울긋불긋 물결처럼 펼쳐졌다

구름 감은 사패산은 올 때마다 신비로워

눈앞에 요술처럼 높이 솟은 소나무와

가을에 핀 진달래는 이 무슨 조화일까

때늦은 줄도 모르는 다른 세상 아래로

떨어진 낙엽 같이 뜬구름 흩어지니

듣는 이 없는 기도 손 모아 삭이시는

호암사 관세음보살 묵묵히 지켜보네

왕방산 새는

세상일 잠시 놓고
하늘만큼 닿은 곳
수십 년 키 낮춰 걸쌈스럽게 버티고
바위와 함께 굳었나, 꿈쩍 않는 소나무

찬바람 불 때마다 꺾여 질까 낮추어
줄기차게 파고든 생명을 옭아매고
홀로선 제 모습 보며 언제까지 버틸까

가슴을 후벼 파는 산새들 울음소리
골 깊은 메아리로 잦아지다 사라져
떨리는 햇살의 기적
지친걸음 이끌어

잠깐의 사이에는

늘어진 능소화 몇 줄기가 휙 꺾어져
후 두둑 제 무게를 못 이기고 떨어져서
질척한 흙탕물 쓰고 나뒹구는 사이에는

흔들리며 살아낸 얼룩을 지우려고
겹겹이 꽉 차 피던 꽃향기 흔들리듯
자꾸만 휘저어보는 멀어져간 날들에

비비며 몸살 앓다 홀쭉해진 야윈 팔로
휘어진 몸 버티고 일어서는 사이에는
여전히 시큰거리는 그리움 어디 두고

변하는 게 참 많다

가지에 드리워져 솜사탕 같은 구름 세차게 부는 바람 머금은 채 흘러내려
 옷 벗은 나무사이를 훑으며 지나갔다

하늘로 길을 놓아 목표한 지점까지 산봉우리 올라서면 하늘이 다가 온다
 수북한 갈잎에 앉아 산 아래를 바라보면

송추 골 계곡 따라 들어섰던 모텔들이 양로원 간판 달고 덩그러니 서 있는데
 구름도 뒤따라 와서 깃털 같이 누웠다

산놀이

 사는 게 바쁘다는 핑계로 달려왔어도 세월에 밀려난 막다른 삶 밑바닥으로 부터 숨 가쁘게 달려온 지난날들의 잔흔 보듬고

 먼 기억 훌훌 털고 야윈 숨 갈아 앉히고 여며도 뭔지 모를 꿈틀걸임 달랠 일 마음 빈 칸에 넌지시 황혼빛이 스며들어

 외로움 쓸어안고 기꺼이 등을 내주는 노고산을 가슴에 품어 고단한 인생살이 밀치고 잠시 꿈결 같은 푸른 천국 맛보며

주저앉은 은행 한 잎

구겨진 은행잎이 공중 높이 뒤섞여서
어긋 져 날아가다
가쁜 숨을 내려놓고
갈피를 잡을 수 없이 몸부림치는 저 여운

기억을 더듬으며 갈급히 두 손으로
소리를 움켜쥐면
은행잎은 간 곳 없고
손 흔들 사이도 없이 산허리 넘어가네

해 기울어 꽃도 지고 향기도 말랐는데
다짐한 우리 사랑
산으로 가리 우고
팔일봉 돌아서 가는 솔바람은 모르리

내가 산이 되고파

바위에 쉬어갈까 짐 내리고 둘러보니
스치는 인간사 소리라도 들으심인가
하늘을 떠받들고 선 미래관음보살

포천의 봉래선생 석양에 쓴 시 같이
산객의 발그림자 염려하는 빨간 리본
새보다 먼저 달려와 앞서 길을 안내한다

아리랑 내 심사를 돌처럼 쌓아놓아
그 높이 추락하지 않으려고 꼬인 줄에
바람에 널뛰기하듯 매달려 올라보니

지고 온 뭉게구름 하나씩 풀어지고
돌단풍 꽃 같은 천불 계곡물에 어리어
인생의 덧없음같이 무념무상 빚어낸다

높아서 더 가보고 싶네

겨울 숲 나무들은 묵상에 들었는지
구름 한 점 없는 하늘 향해 뻗친 잔가지
실핏줄 거머쥐고서 푸른 날을 꿈꾸나

정상에 닿기까지 쉼과 걷기 반복하며
지쳐서 큰 소나무 둥치를 안고 서면
머물다 가는 것조차 염치없는 일 같다.

형제봉 올라서면 도봉산이 마주 보여
한참을 바라보고 나서야 발길 옮겨
바람을 막아보려고 웅크리는 어깨 숨

버석대는 낙엽 길 헤쳐 가며 걷는 동안
인생 또한 수월한 게 없다는 걸 알게 돼
산길이 가파를수록 하늘이 더 가깝다

겨울 산

내린 뒤 아무도 밟지 않은 반짝이는 눈
구름을 뚫고 나온 햇살이 들이대고
눈길을 촬영 하느라 목덜미 데워주네

바람도 못 뚫고 갈 눈 쌓인 천보산은
허리를 곧추세워 도열한 병정 같은
희디 흰 자작나무에 소름 돋은 눈꽃 총총

마음이 내키는 대로 몰려다니면서
하릴없이 이 산 저 산 오르내렸건만
어떻게 달라졌을까 나무가 된 나라면

다람쥐 머뭇거리는 동안

발 앞에 툭 툭 밤알 떨어지는 언덕길에
다람쥐도 안 물어갈 쪼글쪼글한 산밤
무거운 것들 다 놓고 바닥을 뒹굴어서

눈자위에 그려진 초라한 행색 위로
바람의 자취 밟는 무채색의 추억들
켜켜이 갈잎 밟히는 소리 따라 멀어져

올 가을은 마음조차 황망히 놓아버려
휘파람새 따라가고 혼도 따라 갔는가
해지는 줄도 모르고 덧없이 보낸 시간

떨어지는 햇살이 그림자 셈을 하면
어질한 발소리를 메아리로 남겨두고
구절초 환한 도정산 노을이 길게 눕네

함박눈

흔드는
잔가지에
눈가루 촉촉한 결

포슬포슬
쌀가루 체 쳐서 내리듯이

첫눈은 목화 꽃 같이 그리움을 피워놓아

여백 위로 발걸음 무디어 질 때 쯤
눈 쌓인 계곡은 높낮이가 비슷한
이 세상 모든 인생의 평준화를 보는 듯

나무들도
제각각 다른 모양 눈옷 입고
서로 다른 아름다움 뽐내도 사그라질 화려

산 넘던 햇살 한 점이 효자봉 훑고 간다

산이 길을 묻습니다

하늘도 짐스러워 붐비게 날린 깃털
새하얀 구름처럼 가지에 붙어 앉아
천지에 눈꽃다발만 사정없이 흔들고

차디찬 생을 지고 마니산을 밟고서면
느닷없이 몰아드는 주체할 수 없는 추위에
서러움 북받쳐 올라 뻣뻣해진 목덜미

기어이 참나무 숲 어디에서 귀청 때리는
칼바람에 죽음의 눈보라 피어오르고
시간에 잠시 기대어 언 몸을 감싸면서

하얗게 내려쌓인 널브러진 눈을 밟고
무작정 겁도 없이 내달아 온 발자취
걸음도 나이가 들어 왔던 길 그 어딘지

한라산 해돋이

함박눈 뒤집어 쓴 하얀 몸을 이끌고
무뎌진 한 걸음씩 옮겨 딛을 때마다
얼굴에 가루분처럼 간질이는 눈송이

먼 데서 찾아온 손님을 반기는지
조릿대에 숨어 있던 까치가 푸득 날아
이제 좀 쉬어가라고 눈 향을 뿌려 준다

눈 갈기에 몸 가누지 못해 휘청대며
숫눈 길 짚어가는 지팡이 쥔 손 얼어서
눈꽃이 저리 고운데 싸한 생각 스친다

막 솟은 아침 햇귀 산그늘 지펴놓아
추위에 떨고 있는 세한도*속 고목이
시리게 지킨 세월을 와싹 깨어나고 있다

4부

계단 오르기

아! 톡

빛살 같이 아스라이 흩어지는 꽃나비를
숨 가삐 따라가다 휘청거려 놓치고
바위에 다람쥐처럼 위태롭게 올라서서

공중제비 하듯이 다래덩굴 휘어잡고
톡 톡, 새순 따는 손끝 닿았던 그 무엇이
생살의 울음소린 줄 한참 지나 알았네

남의 것 훔쳐 담다 들킨 듯 그 부끄럼
손놀림을 멈추고 숨 거둔 잎이 되어
생채기 난 줄기처럼 바람회초리에 아파

덜 아문 여린 새싹 가늘게 휘어져도
뿌리까지 앗지 말자, 이름 없는 풀일지라도
꺾으면 풀 비린내에 헛구역 눈물까지

왕방산은 다래 순 따는 억센 손끝에
자리마다 살아있는 것들의 푸른 눈물
한겨울 문풍지 떨 듯 시린 살갗 터지네

말 없는 대답이네

비바람 흔들어서 꽃눈 뜨는 산에 들에
이름 모를 들꽃이 소나무 뿌리에 돋아
한 가닥 밀어 올리고 무얼 바라 살아가나

허리 세워 부대끼며 말라가는 비명소리
목숨 붙어 몸 저리고 고목 같이 뒤틀리어
시들어버릴 그리움 저리 목이 메어

산맥은 바다 속도 이어주고 길 여는데
우리들 아픈 역사 애절한 기도소리
언제쯤 돌 종을 치고 바람같이 넘을까

수락산 봉우리에 발 도장을 찍고 서서
나무와 돌의 틈새 하늘을 바라보다가
몇 세월 소식 기울어 메아리로 넘는 사랑

산 향기 그득히 마시니

가파른 천보산 바위지대 막 올라서자
산나리 피워 나를 기다린다는 생각에
산정에 뜬구름 따라 마음 끌고 산을 넘네

한나절 땀 젖은 채 잠시 숨 고를 때
길 숲에 띄엄띄엄 산 괴불주머니 꽃이
노랗게 등을 내걸어 낯선 걸음 비추고

제풀에 목이 쉰 듯 갈증을 불러오던
허기진 산새 울음 약수 물에 젖으면
한 잔씩 건네는 커피 또 하루 참 잘 살았구나

고려산 진달래

 구름치마 사이로 휘감는 실바람아!

 무량하게 사무친 눈빛들 흔들릴 때 산 빛을 깨치고 흔들어 꽃으로 머무는가! 오련지 전설 묻어 닫혀버린 곳곳마다 이 봉우리 저 골짜기마다 꽃잎들이 만발하여 휘젓는 붉은 유혹에 뛰는 봄의 심장아!
 충절의 깊은 뜻 온 산천 뿜어내려 충렬의 혼 불 산자락마다 에돌아

 장엄한 꽃불을 놓아 흩날렸던 저 산자락!

나무와 하나 되다

산새 울음 숲을 깨워 우주는 잠을 깼다
안개를 털어내며
다그치는 바람등살
안으로 우는 초롱꽃 울먹이는 꽃등이여

마차산 나무들은 풍경도 너그럽다
나무 위 까치집에
식구가 늘었는지
주변을 내려다보던 새의 눈도 감기는데

보고 싶은 얼굴들이 나뭇잎에 돋아났다
몸 달아 부풀리고
건네주는 숨결소리
나무에 물이 오르듯 그리움도 목이 차고

자수 실을 잘 못 끼웠나

산 능선 따라나선 독경소리 불러 세워
두 손을 휘저으며
한쪽으로 걸은 걸음
어둠에 별을 켜들고 몇 번씩을 굴렀는지

지름길을 나두고서 생의 계단 돌고 돌아
절름절름 애쓰다가
할 일도 다 못한 채
한 많은 생을 춤추며 한 줌 재로 가려나

한숨만
불러 모아
속 저린 사연 모두
연꽃 같은 수를 놓아
따뜻한 눈길 없이도 핏빛 꿈을 피우려니

꽃에는 우주가 있다

꽃잎마다 햇살이 눈 맞추면 저 빛 무리, 숭얼숭얼 부풀린 수천수만 꽃잎 총총
무량한 은하수 까지 그리움에 닿는다

달항아리 같은 원을 이루어 그리다가, 정방폭포 물무지개 타고 한라산 넘고
돌하르방이 재채기 하며 몸살 하는데

몽실몽실 어머니 젖가슴 닮은 꽃무더기, 내 안에 아픔이야 눈물겨워 울먹이다
눈두덩 끔적거리며 마음 묻고 토닥토닥

- 제주도 수국정원

그리움은 아득하고

싸리꽃 몽글몽글 피어나서 손짓하니 내 고향 앞 산 언덕에 나란히 누워계신 부모님 그리워 아린 눈시울 끔벅끔벅

서울로 유학 간 딸 편지 한 통 주머니에 넣고서 너덜해질 때 까지 동네 한 바퀴 큰 벼슬이나 할 듯이 기대 만발 하셨지

개울에 발 담그고 송사리 떼 몰고 놀면 풍덩 돌을 던져서 훼방 꾼 남자애들과 방망이 두들겨 패며 빨래하던 아줌마들

바람처럼 서성이는 추억은 무성한데 어느덧 내 나이도 부모님만큼 되는 동안 제대로 한 것도 없이 떠가는 구름 업고

높고 낮은 감악산 천길 벼랑 돌아드니 진달래 생강나무 꽃 꽃길도 눈에 설어 땅재주 줄타기 다 한 곡예사의 비애 같다

북한산 대동문에서

먼 산이 푸름 속에 싸여서 부르는 듯
갇혀 있던 호기심 부추기어 들썩였다
뜸 들일 사이도 없이 산허리에 올라서면

한낮의 햇빛이 삼십도 열기로 덤벼들어
흐르는 땀방울을 손등으로 닦았다
바람길 찾아 옮겨도 시원할 겨를 없어

정상에 이를 마지막 체력이 다한 가쁜 숨
산 아래 아득함이 눈이 시어 눈물이 났다
힘겨운 배낭 무게를 서둘러 내려놓고

푸른 바람 더불어 더 먼 길 가기 위해
노래하는 새처럼 마음 들떠 출렁인다
한 마리 파랑새 되어 퍼덕이는 발걸음

나뭇잎 엽서

마음을 보여줄 수 없어 서두는 지금,

그대는 저만치 서서 얘기도 나눌 수 없는 거기에 차가운 시선을 내린 채 서로의 마음을 알려 하지도 않고 각자의 길로 떠나려고만

생생히 기억하도록 한순간만이라도

아름답던 한때를 추억하게 되는 날

나 역시 얼 만큼 사랑했는지 후회 없이, 가슴에 손을 얹고 생각해보면 그대의 존재 이상 아무것도 없음을 확신하는 그 진실한 의미 알지만 바보처럼 감추고 아주 멀리서라도

그대를 향하고 있다는 것을, 엽서로 띄운다

바람보다 더 빨리 연인산에 날려가 하나의 나뭇잎이 당신의 손안에서 얼마나 사랑하는지 그리워했는지를

모두가 보인다

언제부터 부용천에 원앙새 찾아와서
사랑을 부르고 있는 것을 몰랐었네
깊어든 외로움으로 물길 속을 엿 보나

매기는 잉어 쫓고
송사리 떼 모여들어
오리 뒤에 따라가고
비둘기도 찾아 왔네
급물살 징검돌 위에 황새는 누굴 기다리나

자전거 페달 밟고 마음도 씽씽 달려
풍경을 따라가며 훌훌 털어버린 날
싱싱한 수양버들잎 푸른 꿈 나부끼네

바람이 전하는 말

이제 막 개명산 정상석에 겨우 올라
배낭을 내려놓고 몰아 쉰 가쁜 숨결
돌아본 굽이진 산길 오금이 짜릿한데

새들이 찾아와서 손에 쥔 것 힐끔대며
주둥이 빼죽거려 밀당을 하다가도
꽁지만 까닥거리다 뜀박질해 숨어버리고

산자락 드리웠던 구름에 등 떠밀려
낙엽을 걷어차며 땅 보며 머뭇거리니
어깨 툭 치는 바람이 어서 가 등 떠밀고

아버지의 산

내 어릴 적 그 산은 마치 보물창고 같았다 봄이 되면 어둑새벽에 망태기와 낫을 챙겨서
　산나물 하러 가시던 모습 눈에 선 하다

참나물 명이나물 씁쓰름한 유리대나물 망태기가 터질 듯이 가득이 채워오면
　투박한 손길 바쁘게 나물 다듬던 어머니

찬바람 소슬하게 옷깃을 스칠 때 쯤 어려서 알 수 없던 뿌리들을 귀하게
　약에 쓸 것들이라며 뿌듯해 하던 모습

이제 눈 덮인 태백산에 올라 주목나무 앞에서면 하 많은 날 돌고 돌았을
　인고의 세월이 가슴 툭 치고 들어온다

뉘엿뉘엿

비탈져 오르는 길 숲 냄새 확 안겨 와
제풀에 넘어져서 무릎에 풀물 들고
돌서덜 길에 잡초가 발목 잡아 힘겨운데

산누에나방집이 나무에 매달린 채
연두 빛 새 순 같이 날개바람 떨면서
여태껏 빈 집에 남아 출구를 찾고 있나

나무에 등을 대고 숨을 가삐 몰아쉬며
성한 곳 하나 없는 옹이 박힌 나무 같아
퇴뫼산 산마루에서 비틀대는 발걸음

다래덩굴에 갇힌 저 몸부림 어찌 막나
얽매인 그 긴 세월 어이 견뎌냈을 거나
헝겊 띠 같은 노을빛 게워내는 그 풍경

꽃 지는 줄 도 몰랐네

꽃 속에 코를 박고 붕붕 대는 벌떼 같이
나무와 박수 치는 딱따구리 소리에
기다린 봄이다마는 새삼 느끼한 산멀미

멀찌가니 산비둘기 한 쌍이 날아 내려
멈칫멈칫 하다가 꾸룩꾸룩 동동다리
야릿한 양을 보여 줘 눈앞이 어질하다

여리한 알록 제비꽃, 별빛 같은 덜꿩나무꽃
시린 눈빛 뒤흔드는 새치름한 각시붓꽃
알로롱알로롱 지는 속살로 우는 봄꽃

계단 오르기

멀리 안개 가린 그곳 여러 갈래 비탈길을
땀 흘려 올라보면 떡 버티는 바위벼랑
하늘에 닿은 높이에 눈길마저 시리니

갈 곳 다한 길목에서 지릅뜨는 내 모습은
지리산 포수같이 숨소리도 삼키고
산정에 이른 마지막 구름같이 벌렁거려

졸음에 끄덕이던 나뭇잎도 눈을 감아
숨결만 나달대는 호흡을 매달고서
자연이 되기까지는 못 다 오를 산, 산에

그런대 그런데

꼭 그 날만 효도하나 북새통을 이루어
식당 앞 줄 세우는 진풍경 틈에 끼어
당기는 에 먼 단추만 실밥 풀려 대롱대롱

나라고 별수 있나 코로나 핑계하며
오지 말라 해놓고서 밖을 도는 발걸음
그리도 서운한 마음 구름 같이 산에 올라

강산이 변하는데 체념하고 뒤처져서
새소리 바람소리 벗을 하고 걷다보면
계곡물 줄줄 흐느껴 가슴이 뭉클뭉클

이끄시는 대로

머리 위에 이슬 꿈을 담뿍 얹은 해당화야
바람보다 조용히 허물을 모두 벗고
보여줄 수 있는 사랑 타들어갈 것처럼

오, 사랑아 이 순간은 숲 그늘 아래에서
뜨거운 손잡아서 꽃이 피고 불꽃되리
흘리는 내 눈물만큼 인연이 지속된다면

경포해변 모래 같은 이야기 씨앗을 들고
산책을 할 때면 한 권의 책이 다 읽힌 듯
끝없이 이어져 있는 마음을 뿌려놓아

화담 숲 나들이

햇살품은 이밥 꽃이 고봉밥 같이 피어
절로 배가 불러서 군침 돌아 또 보면
옥양목 쌀풀냄새가 산 빛으로 걸린다

뱃살 튼 화담송이 푸른 힘줄 내 뻗어도
이 승 저 승 기웃거린 솟대 꿈 알긴 알까
약속의 다리 건널 때 자작자작 들뜬 봄에

지천으로 넘쳐 핀 수선화 입에 물고
황금연못 덩치 큰 잉어 등에 원앙 한 쌍
노란 꽃 사이로 숨어 삼매경에 빠졌나

웃음꽃 피게 하던 다람쥐도 전망대 돌아
도랑 길 내려가서 꽃구경에 길 잃었나봐
소나무 걸친 구름에 말 걸어 라도 볼까나

여러 빛깔

천상을 옮기느라 산 하나가 움찔할 때
살포시 눈을 뜨고 누워있는 고 작은 꽃
엎드려 들려다보니 별 닮은 참꽃마리

모데미풀 한계령꽃 얼레지꽃 홀아비바람꽃
새소리 물소리에 서로 피워내는 사랑이야
시새운 아름다움을 모두 담은 곰배령아!

신갈나무 새 가지에 잎 잎마다 파란별이
나래 젓다 혼절하여 이슬처럼 또르르
아깝다, 혼자보기는 사람들은 모르나봐

쌍봉낙타 등에 올라

구름도 돌아가고 바람도 손 놓은 곳
트레머리 같은 산길 만 가지 생각 끌고
돌아볼 여유도 없이 토토봉 올라서면

새벽 먼동 불길 속에 멧부리 갈라져서
어둠을 내려놓고 쉬어볼까 숨 내쉬고
휘어진 허리 통증에 산꼭대기에 몸 누이어

로프에 매달려서 리찌 밟던 안간힘에
바람으로 일어서면 땀방울도 날아가고
태초의 금빛 햇살이 구름 밀어 버린 날

天香 김수연 연보

1948년　강원 태백 출생
1971년　신학대 졸업
1980년　아기연합꽃꽂이 지도자 취득
1983년　수연꽃꽂이 중앙회 회장
1986년　한·불 꽃꽂이작가 수료
1986년　초대 문교부장관 안호상 박사의 특별 공로상 수상
1987년　한·일 꽃꽂이 교류전 공로상 수상
1988~1992년　세계 미스 유니버시티 컨테스트 심사위원
1988년　대한민국 사회교육 문화상 수상
1988년　국제연합 I.C.A 특별 공로상 수상
1989년　서울시 꽃의 날 꽃마음 대상 수상
1991년　일본화도 가현지방 이께노보 꽃꽂이 수료
1996년　대한민국 아카데미 특별공로상 수상
1995년　문학세계 시 부문 신인상
1995년　한국꽃꽂이협회 지회장 역임
1996년　이화여자대학 꽃예술 최고지도자 전문교육 이수
1997년　플로리스트 코리안 컵 심사위원 역임
1997년　한국꽃꽂이협회 상임위원 역임
1999~2002년　공주산업대학 꽃꽂이 교수 역임
2008~2012년　한국자격개발원 영등포 지회장 역임
2016년　광명시 문화예술 발전기금 수혜
2016년　위대한 한국인100인 대상 시문학혁신발전공로 대상 수상
2019년　화백문학 시조 부문 신인상
2021년　사)한국문학협회 우수작가 창작지원금 수혜(시조부문)

저서

1995년 수연꽃꽂이 작품집 2권 출간
1999년 전통 꽃꽂이 2권 출간

시집

1995년 네가 주는 사랑이 네게 감동이 아니고 〈한누리 미디어〉
1996년 아득한 그리움으로 꿈에라도 만나고 싶다 〈천우〉
2010년 길이 끝난 그 곳에 뜬 무지개를 딛고 〈책나무〉
2010년 꽃이 부르는 노래 〈책나무〉
2016년 사랑을 리필하다 〈등대지기〉
2018년 시 짓는 여자 〈등대지기〉
2020년 여백에 담다 〈명성서림〉

김수연 작가 근황

수연꽃꽂이중앙회 회장
사) 한국문학협회 이사
사) 국제PEN한국본부 이사
사) 화백문학 경기 지회장
사) 한국시조시인협회 회원
Email: suyeoun88@naver.com
Mobile: 010-2757-8808